# FRANKLIN ROOSEVELT

Del New Deal a la Conferencia de Yalta

Por Thomas Melchers
Traducido por Marina Martín Serra

Historia en50MINUTOS.es

# FRANKLIN ROOSEVELT

- **¿Nacimiento?** El 30 de enero de 1882 en Hyde Park (Nueva York).
- **¿Muerte?** El 12 de abril de 1945 en Warm Springs (Georgia).
- **¿Partido político?** El Partido Demócrata.
- **¿Fechas de las elecciones?**
  - El 8 de noviembre de 1932;
  - el 3 de noviembre de 1936;
  - el 5 de noviembre de 1940;
  - el 7 de noviembre de 1944.
- **¿Duración del mandato?** 12 años.
- **¿Principales aportaciones?**
  - La política económica del New Deal como solución a la crisis de 1929.
  - La entrada en guerra de los Estados Unidos al lado de los Aliados durante la Segunda Guerra Mundial.

Franklin Roosevelt, cuya celebridad puede compararse con la de George Washington (1732-1799) o Abraham Lincoln (1809-1865), es y seguirá siendo el único presidente de los Estados Unidos de América en ser elegido cuatro veces consecutivas.

Nacido en 1882, este político miembro del Partido Demócrata ocupa un lugar preponderante en el plano nacional e internacional durante los años treinta y cuarenta. Su carrera política se inicia en el estado de Nueva York, que acabará gobernando, pero lo que le hará pasar a la historia serán sobre todo las acciones que lleva a cabo durante sus mandatos presidenciales. Elegido tres años después de la Gran Depresión que causa estragos desde 1929, pone en marcha el New Deal, una política intervencionista que reactivará la economía estadounidense. Asimismo, bajo su mandato los Estados Unidos también rompen con su política aislacionista después del ataque de la base naval de Pearl Harbor en diciembre de 1941. Tras haber sumido a su país en la guerra, Roosevelt se convierte en uno de los principales artífices de la victoria de los Aliados, como comandante en jefe del Ejército de los Estados Unidos. Al final del conflicto, durante la conferencia de Yalta (febrero de 1945), sienta las bases de la Organización de las Naciones Unidas.

En marzo de 1945 Roosevelt se retira para descansar, puesto que desde los años veinte sufre una enfermedad que le paraliza e inutiliza los miembros inferiores. El 12 de abril del mismo año sufre una hemorragia cerebral y fallece en su propiedad situada en el estado de Georgia. La muerte del 32.º presidente causa una gran conmoción, tanto en todo su país como en el extranjero. El vicepresidente Harry Truman (1884-1972) es el encargado de situarse la cabeza del país y garantizar el final de su mandato, tal como estipula la Constitución y, además, tendrá que poner punto final a la guerra.

# BIOGRAFÍA

## UNA JUVENTUD EN EL SENO DE UN ENTORNO PRIVILEGIADO

Franklin Delano Roosevelt nace el 30 de enero de 1882 en el seno de una familia patricia y aristócrata. Su padre, James Roosevelt (1828-1900), es descendiente de una familia de emigrantes holandeses que llegan a territorio americano en el siglo XVII. La familia de su madre Sara Ann Delano (1854-1941), que también emigra al Nuevo Continente en esa época, tiene raíces franco-luxemburguesas. Esta última, que es muy activa en el plano comercial y, sobre todo, en el comercio de opio con China, le lega una fortuna colosal.

El joven Franklin se cría a la vez en una propiedad en el corazón del campo de Hyde Park, situada a cien kilómetros de Nueva York, y en el extranjero. Aprende francés y alemán sobre todo durante sus viajes a Europa. Cuando tiene 14 años, deja de ser educado por gobernantas para pasar a formarse en la prestigiosa Groton School de Massachusetts, donde se le enseñan los deberes cristianos, la caridad y el amor por su patria. En 1889 entra en Harvard, y allí obtiene un Bachelor of Arts. Continúa su trayectoria académica entrando en la Universidad de Columbia (Nueva York), pero acaba abandonando sus estudios de Derecho por falta de convicción.

Fotografía de Franklin Roosevelt tomada en la Groton School cuando tenía 18 años.

## SUS PRIMEROS PASOS EN LA POLÍTICA

La carrera profesional de Franklin Roosevelt comienza en 1907, después de haber aprobado los exámenes del colegio de abogados de Nueva York. Ese año, pasa a formar parte de un prestigioso bufete de abogados corporativos de Wall Street, en parte para satisfacer las necesidades de su familia. Sin embargo, se le asignan tareas que no le apasionan demasiado.

## ELEANOR ROOSEVELT

En 1902, tras haber estado separados durante muchos años, Franklin vuelve a encontrarse con Eleanor (1884-1962), sobrina de Theodore Roosevelt, durante una velada de la alta sociedad en Nueva York. Esta joven, con la que se vuelve a encontrar varias veces durante el mismo año, resulta ser una prima lejana. Del mismo modo que su tío, Eleanor pertenece a la primera rama de los Roosevelt, la que viene de Oyster Bay, mientras que Franklin es uno de los descendientes de la segunda, originaria de Hyde Park. Su antepasado común es hijo del primer Roosevelt que llegó al Nuevo Mundo, Nicholas Roosevelt (1658-1742).

Eleanor queda huérfana con 12 años, pero recibe una educación en un prestigioso internado inglés, donde nace su pasión por la actualidad, aprende francés y realiza varios viajes a través del Viejo Continente. Poco después de volver a los Estados Unidos, se reencuentra con Franklin, con el que se casa el 17 de marzo de 1905 en presencia de Theodore Roosevelt. Fruto de su unión nacerán cinco hijos.

En 1910, su motivación cambia por completo cuando el Partido Demócrata le pide que entre en política, ya que lo considera un candidato ideal gracias al prestigio vinculado con su apellido y a su fortuna heredada. Tras una campaña original, es elegido senador del estado de Nueva York en 1911. Esta primera experiencia está marcada por la lucha contra la corrupción de algunos miembros del Partido Demócrata, algo que llama la atención de Woodrow Wilson (1856-1924), un demócrata elegido a la cabeza de los Estados Unidos poco tiempo antes.

## Desde la Marina hasta las elecciones a la vicepresidencia

En marzo de 1912, Roosevelt dimite de su cargo de senador para seguir a Wilson a Washington D. C. y se convierte en secretario adjunto de Marina (1913-1921). Apasionado por todo lo que tiene que ver con la navegación, está cautivado por esta función y se interesa por las cuestiones internacionales, aunque cuando estalla la Primera Guerra Mundial (1914-1918) no comparte los sentimientos pacíficos del Gobierno Wilson. En el marco de esta función, cuando acude al frente para inspeccionar las fuerzas navales estadounidenses, conoce a Winston Churchill (1874-1965), entonces ministro de Armamento.

Retrato de Franklin Roosevelt realizado en 1913, cuando era secretario adjunto de la US Navy.

En 1920, tras haber dirigido el desmantelamiento de las bases navales en Europa, Franklin Roosevelt es designado candidato demócrata a la vicepresidencia. El partido espera beneficiarse del renombre que ha adquirido durante la guerra. Sin embargo, triunfa el «retorno a la normalidad» defendido por el candidato republicano Warren Harding (1865-1923), que logra una victoria rotunda contra el candidato demócrata, James Cox (1870-1957).

## Un camino lleno de obstáculos hacia la gobernación de Nueva York

Tras la derrota de los demócratas, Franklin Roosevelt retoma su carrera de Derecho y dirige un bufete de abogados corporativos neoyorquino. En esta época, contrae una enfermedad que le afectará a lo largo de toda su vida. En 1921, mientras pasa unas vacaciones en familia en su propiedad de Campobello (Canadá), es víctima de un mal que le paraliza los miembros inferiores. Los médicos le diagnostican poliomielitis.

### LA PARÁLISIS DE LOS MIEMBROS INFERIORES

Roosevelt, contrariamente a lo que algunos vaticinan, no recupera la movilidad de sus miembros. El demócrata trata su enfermedad con curas de hidroterapia en su propiedad de Georgia y, con el paso del tiempo, aprende a moverse con su silla de ruedas en privado, mientras que en público utiliza férulas ortopédicas y bastones para desplazarse, además de agarrarse del brazo de alguno de sus hijos o, más adelante, de alguno de sus asesores.

Algunos estudios recientes están intentando demostrar que Roosevelt no sufría poliomielitis, sino el síndrome de Guillain-Barré, una enfermedad autoinmune rara que ataca el sistema nervioso.

Aunque durante los años que suceden a su parálisis Franklin Roosevelt nunca deja de interesarse por completo por los asuntos del partido, hay que esperar varios años para que vuelva a colocarse al frente de la escena política. Las elecciones de 1928 a la gobernación y a la presidencia constituyen una etapa clave en su carrera. Poco después de su elección como gobernador del estado de Nueva York, prepara una política social para limitar los efectos del crac bursátil de 1929, en la que destaca un programa social que presta ayuda financiera a los desempleados, la Temporary Emergency Relief Administration. En 1930 es reelegido al cargo y se convierte en el rival más fuerte del presidente Herbert Hoover (1874-1964), gracias al lugar preponderante que ocupa el estado de Nueva York en el tablero político estadounidense.

## EL 32.º PRESIDENTE DE LOS ESTADOS UNIDOS DE AMÉRICA

El 8 de noviembre de 1932, Franklin Delano Roosevelt es elegido presidente de los Estados Unidos de América. Sin embargo, la Constitución estipula que no se le puede investir antes del 4 de marzo de 1933. Durante este periodo transitorio se rodea de intelectuales que formarán lo que pronto se denominará Brain Trust. Con ellos, además, elabora una serie de medidas para frenar la crisis y empezar la recuperación económica.

### El brain trust

A lo largo de su carrera política, Roosevelt se rodea de muchos asesores. El primero que se incorpora a su equipo es Louis Howe (1871-1936), al que conoce al principio de su carrera. A continuación, se añaden a su equipo Frances Perkins (1880-1965) y Harry Hopkins (1890-1946), que le acompañarán a Washington D. C. Entre su elección presidencial y su toma de posesión, su equipo crecerá con otros asesores, universitarios e intelectuales para formar el Brain Trust que desempeñarán un papel decisivo en la elaboración de la política del New Deal.

## El New Deal de 1933 a 1941

El New Deal («nuevo trato») es el nombre que recibe la política económica voluntarista, progresista e intervencionista llevada a cabo por Franklin Roosevelt. Esta política se abre con la adopción de 15 nuevas leyes aprobadas con carácter urgente durante los 100 primeros días de su presidencia para detener la crisis. Les sigue una reforma más profunda del sistema económico y, más concretamente, la reorganización de los sectores bancario, financiero, agrícola e industrial. De este modo, la reforma se enfrenta a la sobreproducción, a la competencia devastadora y al desempleo gracias a la implementación de programas sociales y a una política de grandes obras públicas. Además, trabaja para la restauración del poder adquisitivo de la población y para la modernización de las condiciones de trabajo. La recuperación se inicia lentamente, y el presidente no duda en multiplicar el gasto público para reducir el desempleo y estimular el consumo, lo que hará que se duplique la deuda pública.

## Roosevelt, jefe de guerra

Hacia el fin de los años treinta los Estados Unidos, aunque no se inmiscuyen en los asuntos europeos, prestan ayuda militar a las democracias del Viejo Continente, colaboración que se acentúa cuando el Reino Unido se encuentra solo ante el Eje. Sin embargo, habrá que esperar a que se produzca el ataque de Pearl Harbor a manos del ejército nipón, el 7 de diciembre de 1941, para que los Estados Unidos entren en guerra.

Ataque de Pearl Harbor.

Durante todo el conflicto, Roosevelt demuestra un gran liderazgo y desarrolla sus competencias estratégicas y militares. No duda en imponer algunas operaciones y decisiones, como la rendición incondicional del enemigo. Se encuentra constantemente con Winston Churchill y Joseph Stalin durante reuniones y conferencias en Casablanca, en Teherán y en Yalta, durante las que se deciden el desembarco de Normandía y la creación de las Naciones Unidas.

La Conferencia de Yalta, febrero de 1945.

A finales del mes de marzo Franklin Roosevelt, cansado y debilitado, se retira a Georgia para descansar, y el 12 de abril de 1945 fallece tras sufrir una hemorragia cerebral en su propiedad de Warm Springs. Su defunción, que tiene lugar pocos meses después del inicio de su cuarto mandato y menos de un mes antes de la victoria de los Aliados en el frente europeo, causa una gran conmoción por todo el país y en el extranjero.

Entierro de Franklin Roosevelt.

# CONTEXTO POLÍTICO, SOCIAL Y ECONÓMICO

## LA POLÍTICA ESTADOUNIDENSE

### De la Gran Guerra al Tratado de Versalles

El clima político de los Estados Unidos es favorable a los demócratas a principios de los años diez. Woodrow Wilson es elegido presidente de la nación en 1912, mientras los republicanos sufren divisiones internas que desgarran al partido.

Aunque la presidencia de Wilson conduce a la instauración de nuevas leyes progresistas (ley antimonopolio en 1919, derecho al voto de las mujeres en 1920), lo que más condicionará sus mandatos será la Primera Guerra Mundial. En agosto de 1914, cuando estalla el conflicto europeo, el Gobierno mantiene una postura firme y afirma su neutralidad, con un amplio apoyo de la población. Durante toda la guerra, los bancos estadounidenses prestan dinero a los europeos: alrededor de 2300 millones para los Aliados y 30 millones para los alemanes.

La entrada en guerra de los Estados Unidos no se producirá hasta abril de 1917, a causa de la combinación de muchos factores, como la guerra submarina que lleva a cabo Alemania contra los navíos mercantes neutros —algunos de los cuales son estadounidenses—, o enemigos en torno a las islas británicas.

El presidente Woodrow Wilson planteando la cuestión de la entrada en guerra de los Estados Unidos en el Congreso, el 2 de abril de 1917.

La resolución del conflicto está marcada por la iniciativa diplomática de Wilson definida en sus Catorce Puntos. Las conversaciones derivadas sirven de base para las negociaciones de paz que, una vez enmendadas, conducirán al establecimiento del Tratado de Versalles. Algunas de las propuestas pretenden ser revolucionarias, como la reducción del armamento, el fin de la diplomacia secreta, el derecho de los pueblos a la libre determinación y la creación de la Sociedad de Naciones, que tendría el papel de resolver los conflictos de forma pacífica.

El aura de Wilson no dejará de crecer en Europa, donde

negocia la paz en persona. Al otro lado del Atlántico, la situación es muy distinta. Tras las elecciones legislativas de 1918, los republicanos toman el control del Congreso y se oponen a los resultados de las negociaciones llevadas a cabo por Wilson. Para ellos, es el momento de volver a centrarse en los asuntos interiores (crisis económica debida a la inflación entre 1919-1920, múltiples huelgas, miedo de los bolcheviques) y no de convertirse en los vigilantes del mundo en el seno de la Sociedad de Naciones, que corre el riesgo de oponerse a la política exterior de los Estados Unidos en América Latina.

## La supremacía republicana entre 1920 y 1932

En las elecciones presidenciales de 1920 triunfan los republicanos, que se mantienen al mando del país hasta el principio de los años treinta. Asimismo, dichos comicios sancionan los avances progresistas, la política exterior de Wilson y rechazan la adhesión del país a la Sociedad de Naciones.

### LA POLÍTICA EXTERIOR REPUBLICANA: EL UNILATERALISMO

Durante este periodo, los Estados Unidos no se aíslan por completo del resto del planeta, pero las relaciones con el exterior ya no ocupan un lugar central. Así pues, no hay que contemplarlo como una forma de aislacionismo en el sentido estricto de la palabra, sino más bien de unilateralismo: las decisiones vinculadas con la política exterior ahora ya solamente sirven a sus propios intereses.

Así, el impago de las deudas contraídas por los Aliados durante la guerra empuja a los Estados Unidos a intervenir en las reparaciones impuestas a Alemania mediante tratados, ya que el pago de las reparaciones permitirá que los Aliados puedan reembolsar sus deudas.

En paralelo, a principios de los años veinte se firman varios tratados entre el Reino Unido, Francia, Italia, Japón y los Estados Unidos, con el fin de garantizar el equilibrio de las fuerzas navales y de trabajar para la paz. Más adelante, en 1928, el pacto franco-estadounidense Briand-Kellogg —al que se sumarán varias naciones— intenta fortalecer la paz declarando ilegal la guerra.

Así pues, triunfa el «retorno a la normalidad» defendido por el candidato republicano Warren Harding. Este periodo coincide con un repliegue del país sobre sí mismo y con el regreso del nacionalismo. Sin embargo, Harding es un hombre común que prefiere jugar al golf y a póker antes que interesarse por los asuntos del país. Su Gobierno, formado por sus amigos conservadores y por algunos republicanos, apenas destaca, y solamente lo hace gracias a la instauración de medidas proteccionistas en algunos sectores económicos y al desarrollo de una política fiscal socialmente desigual. Esta última, en efecto, alivia las cargas de los más ricos para no obstaculizar sus actividades económicas. Harding fallece en 1923, sin haber sido investigado por los escándalos de corrupción que salpican a su administración.

Su sucesor, el vicepresidente Calvin Coolidge (1872-1933), ocupa provisionalmente el puesto a la cabeza del Estado antes de ganar las elecciones de 1924. Aunque no demuestra tener más capacidad para gobernar, goza de gran popularidad. En efecto, su personalidad se asocia con la prosperidad de país, y el Partido Republicano se beneficiará de esta notoriedad hasta finales de los años veinte. A nivel económico, es partidario del «*laissez faire*» y se distingue porque disminuye la deuda del Estado por medio de ahorros presupuestarios.

Durante esta década, los demócratas del norte y del sur tienen opiniones contrarias en varios temas como la inmigración, la religión o incluso la Ley Seca, asuntos cruciales que impiden que el partido tenga un verdadero líder para enfrentarse con los republicanos en las elecciones presidenciales.

## LOS ROARING TWENTIES

En los Estados Unidos, el periodo que se inicia al final de la Primera Guerra Mundial y que se acaba con la Gran Depresión de 1929 a menudo recibe la denominación de Roaring Twenties (o los violentos años veinte). En Europa, se habla normalmente de los años locos o de los felices años veinte.

Esta década se caracteriza en los Estados Unidos por un impresionante auge económico que asegura la prosperidad de la nación y por múltiples cambios, no solo en la vida cotidiana, sino también en el modo de consumir y de producir y a nivel cultural.

## El auge económico

Entre los años 1919 y 1929, los Estados Unidos experimentan un crecimiento económico fulgurante: el PNB pasa de 78 900 a 104 400 millones de dólares, lo que corresponde a un crecimiento anual de más del 4 %. Este auge económico continúa en la línea de la Segunda Revolución Industrial iniciada durante la segunda mitad del siglo XIX, que nos sume en la edad de la producción de masas. Este aumento de la productividad se explica sobre todo por las innovaciones tecnológicas.

Una de ellas está basada en la energía y en el paso en las fábricas del vapor a la electricidad. A esto se le añade la organización científica del trabajo ideada por el ingeniero Frederick Taylor (1856-1915), el taylorismo, que se centra en la descomposición del proceso de producción para aumentar la eficacia de los movimientos de cada obrero: se trata del inicio del trabajo en cadena.

El progreso industrial más considerable de los años veinte se observa en la industria automovilística. Las cadenas de montaje específicas en la fábrica Ford y para el ensamblaje del Ford T permiten a la vez la explosión de la producción automóvil (de 1,5 millones en 1921 a 4,7 millones en 1929) y una reducción de su precio de compra. Al final de la década, un estadounidense de cada seis posee un coche. Asimismo, otros sectores experimentan una gran productividad, como la radiofonía, la aeronáutica, la siderurgia, la industria petrolífera o incluso la industria cinematográfica.

Empleados trabajando en cadena en la fábrica Ford.

Durante los años veinte, que están marcados por el regreso de los republicanos al poder, se produce una oleada de fusiones de empresas, principalmente horizontales, mientras que las leyes antitrust de los anteriores gobiernos progresistas condenaban las prácticas anticompetitivas. Esta política, iniciada por el ministro de Economía y futuro presidente Herbert Hoover, permite que se establezcan corporaciones consecuentes gracias a una agrupación de los oficios. Asistimos a concentraciones a nivel de los productores eléctricos y en la industria automovilística. Así, nacen los primeros *holdings* y el concepto del *big business*, el negocio realizado a gran escala que implica cantidades colosales.

Esta prosperidad no afecta a todos los sectores económicos: algunos como la minería, los astilleros, el textil y la agricultura quedan excluidos. La situación es todavía peor para este último sector, que a menudo se enfrenta a grandes dificultades debidas a la sobreproducción, al hundimiento de los precios y a la ausencia de medidas gubernamentales para resolver las crisis.

## El advenimiento de la sociedad de consumo

Evidentemente, la prosperidad va acompañada de un incremento del consumo estimulado por el aumento del poder adquisitivo. Así, los ingresos medios por habitante pasan de 522 a 716 dólares. No obstante, esta prosperidad es desigual: entre 1923 y 1929, aunque los beneficios de las empresas escalan hacia el 62 %, los salarios de los obreros solamente se incrementan en un 26 %. El país cuenta con cada vez más millonarios, pero sigue habiendo importantes diferencias salariales de un sector de actividad al otro y de un estado al otro. No se alcanza el pleno empleo, aunque se produce una disminución del número de desempleados. A pesar de estas diferencias, la sociedad se vuelve cada vez más consumista, mientras que la publicidad se expande poco a poco, tanto en las páginas de los periódicos como a través de las ondas de las emisoras de radio.

### LA APARICIÓN DE LA RADIO

La radio se comercializa por primera vez en Pittsburgh (Pensilvania) en 1920. Diez años después, 14 millones de familias poseen una y escuchan información, música, retransmisiones deportivas, discursos políticos y el resultado de las elecciones presidenciales. Roosevelt es el primero en utilizar este medio para dirigirse directamente a toda la población en el marco de sus «charlas junto al fuego». De este modo, informa a la población de las medidas adoptadas por su Gobierno, sobre todo durante la crisis económica de los años treinta. Se dirige a un gran número de personas y elige sus palabras con minuciosidad para que su discurso sea comprensible por todos y para restablecer la confianza de la población.

La radio no constituye la única revolución de la vida cotidiana: otras novedades se benefician de la llegada de la electricidad a las ciudades para modernizar el hogar de los habitantes. Entre ellas, encontramos el teléfono, el fonógrafo, el frigorífico, el aspirador, el radiador, la plancha, la lavadora... todos ellos aparatos que ayudan en las tareas del hogar. Este período también está caracterizado por una cierta liberación de las costumbres femeninas. La mujer que ahora está más emancipada, a la que se llama «flapper» (o «garçonne» en Europa), tiene el pelo corto, usa faldas por encima de las rodillas y baila el charlestón.

El desarrollo de la industria, la importancia dada a los comercios y la creciente necesidad de los servicios en el seno de la economía originan el crecimiento urbano y la red de carreteras. En ese momento, la mayoría de los estadounidenses viven en ciudades que crecen continuamente, tanto de forma horizontal —con la construcción de barrios modernos y tranquilos en las afueras de las grandes ciudades y con la extensión del conjunto de las ciudades de tamaño medio— como de forma vertical —con la construcción de rascacielos como el Empire State Building, terminado en 1931, que será el edificio más alto del mundo hasta principios de los años setenta—. En estas ciudades que se estandarizan constantemente, aparecen algunos tipos de establecimientos como las estaciones de servicio y los talleres que reflejan el triunfo del automóvil, y los cines y los estadios que hacen que esta sociedad entre en la era del entretenimiento.

Aunque antes de la guerra se desarrollan algunos lugares de ocio, se popularizan especialmente a partir de los años veinte, como demuestran el éxito de la industria cinematográfica que se instala en Hollywood, el incremento de la asistencia al cine (los cines pasan de 22 a 77 millones de espectadores por semana entre el comienzo y el final de los años veinte, lo que significa que el 80 % de la población va al cine) y la cantidad de películas producidas cada año (alrededor de 700). La industria de la música no se queda atrás, ya que las compañías discográficas innovan con la música *country* y, sobre todo, con el *jazz*, que se populariza durante los años veinte.

## Una sociedad más conservadora

Desde el final de la guerra, se desarrolla una corriente con valores conservadores en paralelo a la de la prosperidad, el júbilo y la liberación de las costumbres. Esta corriente exalta la moral protestante y se opone a las influencias negativas de la sociedad moderna, como la promiscuidad, el comunismo, el ateísmo y cualquier cosa que no responda a un cierto ideal estadounidense.

Después de su disolución en 1870, el Ku Klux Klan (KKK) renace en el sur en 1915. A continuación, se extiende por todo el país y acaba contando con muchos miembros. La política del Klan se basa en una mezcla de racismo hacia la comunidad negra y en una forma de americanismo que se opone a cualquier cosa que amenace los valores tradicionales del país, es decir, los católicos, los judíos, los comunistas y los extranjeros fruto de la inmigración. Las intimidaciones y los linchamientos se convierten en algo muy habitual. El Klan llega hasta el punto de entrometerse en la política, corrompiendo a ambos partidos e influyendo en la gestión de determinados estados.

Por último, una de las medidas más conocidas de esta época es la instauración de la Ley Seca, con la Enmienda XVIII de la Constitución en 1919 que entra en vigor el año siguiente. Esta medida es el resultado de una larga lucha de la Iglesia protestante para que el hombre sea mejor, mientras que los movimientos progresistas lo ven como un beneficio para la salud pública y para la productividad de la industria. Los movimientos conservadores y extremistas recuperan el establecimiento de la Prohibición. Entre ellos encontramos el KKK, que lo utiliza para estigmatizar a los extranjeros adeptos a la bebida como los italianos, los irlandeses y los polacos. Aunque muchos estados ya habían introducido la Ley Seca, esta enmienda condena la fabricación, la venta y el transporte de las bebidas con un contenido superior a los 0,5 grados de alcohol; sin embargo, su consumo no es castigado. La Prohibición tiene el efecto de dividir a la sociedad en dos: se produce la aparición de los «dry counties» del sur (condados «secos») y de los «wet counties» del norte (los «condados mojados»).

La policía de Detroit examina las instalaciones de una fábrica de cerveza clandestina.

Las mayores dificultades de la Prohibición no se encuentran en su instauración sino en su aplicación —ya que las normas varían en función de cada estado— y en la falta de recursos humanos disponibles, especialmente porque algunos de ellos se corrompen. En efecto, la población no está dispuesta a perder el sabor de la bebida, y muchos establecimientos ilegales abren sus puertas, mientras que las personas con menores ingresos se dedican a fabricar su propio alcohol, a menudo adulterado y peligroso para la salud. El contrabando rápidamente establece un mercado negro: los *bootleggers* (literalmente, «los hombres que ocultan una botella en su bota») llevan las bebidas alcohólicas desde Canadá, México o la isla de San Pedro y Miquelón. El tráfico está en manos del crimen organizado, compuesto por bandas cuyos miembros proceden mayoritariamente de la inmigración, y uno de cuyos representantes más famosos es Al Capone (1899-1947). Hay que esperar hasta 1933 y a la Gran Depresión para que la enmienda se declare nula y para que los estados puedan tomar libremente las medidas que consideren apropiadas para regular el consumo de alcohol en su territorio.

## LA GRAN DEPRESIÓN

El año 1929 empieza con la llegada a la presidencia del republicano Herbert Hoover. Este antiguo ministro de Comercio está convencido de la prosperidad del país y, para su campaña presidencial, elige el eslogan «La prosperidad está a la vuelta de la esquina». Durante su mandato, intenta estimular la economía y se muestra bastante confiado. Por su parte, el jefe de filas de los demócratas afirma que es posible volverse rico ahorrando 15 dólares a la semana. En ese momento, los estadounidenses están convencidos de que viven una época formidable en la que reinan la euforia y la prosperidad. Solamente algunos intelectuales presagian el fin de este periodo idílico.

Durante los años veinte, la inversión en bolsa se convierte en una auténtica moda. Unos 5,5 millones de personas jugarían a la bolsa regularmente, sucumbiendo a la fiebre especulativa, convencidos de que es posible enriquecerse con rapidez y sin esfuerzo gracias a las plusvalías consecuentes que ofrece la Bolsa de Wall Street. Para comprar acciones, utilizan sus ahorros o acuden a los bancos para financiar sus compras de títulos.

## El hundimiento de la bolsa

Antes del hundimiento del mercado, algunos indicios ya apuntaban a la delicada salud de la economía de los Estados Unidos, como la sobreespeculación y la ausencia de garantía en la concesión de créditos a particulares. A partir de septiembre de 1929 la bolsa vacila, y a primeros de octubre cae hasta que tres semanas más tarde se produce el crac.

### EL CRAC BURSÁTIL

Un crac bursátil es un acontecimiento que corresponde al hundimiento brutal de las cotizaciones de la bolsa debido a la afluencia de las órdenes de venta o a la explosión de una burbuja especulativa. La burbuja especulativa representa un nivel de intercambio excesivo en los mercados financieros en relación con el valor real del producto intercambiado.

El crac bursátil se produce el 24 de octubre, un día que pasa a la posteridad con el nombre de Jueves Negro. Solamente dos tercios de los 19 millones de títulos puestos a la venta encuentran comprador. Los precios se desploman tan rápido que los teletipos no pueden transcribir las cotizaciones; los especuladores venden sin conocer el precio de los títulos. El martes siguiente, día 29, conocido como Martes Negro, se considera el día más catastrófico y marca el final del crac. De los 30 millones de títulos disponibles, solamente 16,5 millones son asignados independientemente de su precio de venta. A pesar del final del crac, la caída de las cotizaciones continúa a lo largo de todo el último trimestre. Las pérdidas totales del año se estiman en 30 mil millones de dólares, lo que representa 10 veces el presupuesto del Estado federal.

El crac sorprende a los estadounidenses, que estaban demasiado confiados y no imaginaban que las cotizaciones pudieran caer tanto. La Gran Depresión comienza después del crac y no acabará hasta 1941, cuando se produce la entrada en guerra del país.

## De la crisis financiera a la depresión económica

La explosión de la burbuja especulativa afecta primero al mundo financiero. Los prestamistas exigen dinero en metálico a sus deudores (los especuladores y los corredores), pero no obtienen más que órdenes de venta de acciones cuyo valor ha caído en picado. Las quiebras de las sociedades de inversión y de los bancos se suceden: entre 1929 y 1932, se tiene constancia de 5000. De un día para otro, millones de ahorradores pierden todos sus ahorros. La crisis bancaria también perturba la actividad económica, influyendo en las inversiones de las empresas.

Así pues, las consecuencias de la crisis financiera provocan un efecto bola de nieve que la acaba transformando en una crisis económica. Desde verano de 1929, la morosidad impera en varios sectores, como el automovilístico y el inmobiliario. Con el crac bursátil, estos sectores luchan para vender sus bienes; la productividad se basa en una demanda continua pero, una vez equipadas, las familias disminuyen su consumo. Esta constatación se refuerza con la desigualdad del reparto de las riquezas: el poder adquisitivo de una parte de la población es insuficiente para perpetuar la prosperidad de los años veinte.

Esta situación hace que los acontecimientos se encadenen sucesivamente: las empresas cada vez tienen menos liquidez para asegurar su funcionamiento; la productividad disminuye, lo que acarrea reducciones salariales y un aumento de los despidos por no poder pagar a los empleados; este aumento del desempleo —de los 4,5 millones de parados en 1930 se pasa a más de 15 millones en 1933— provoca una disminución del consumo así como un aumento de las existencias, y conduce a las empresas a declararse en quiebra.

A partir de este momento, la población teme por su futuro. Se vuelven a organizar comedores de beneficencia, y las familias que no pueden pagar su alquiler son desahuciadas y ven cómo sus bienes son embargados. Entonces, no tienen más opción que instalarse en terrenos baldíos, en los que construyen refugios improvisados hechos de chapa y cartón. Su concentración origina los barrios de chabolas, también llamados *hoovervilles*, que están por todas partes del país.

Fotografía de un *hooverville* en Oregón.

## La política de Hoover

Los discursos sobre la prosperidad que Herbert Hoover pronuncia durante su investidura en 1929 dejan un gusto amargo después del Martes Negro. Como la mayoría de la población, Hoover no ha visto venir la crisis económica ni la Gran Depresión que la sucede. Asimismo, no tiene intención de intervenir: por un lado, porque las iniciativas para resolver la crisis deben emanar de las autoridades locales y no del Gobierno federal, para no invadir las competencias de estas;

por el otro, porque no desea interferir en las libertades individuales.

Aun así, intenta restablecer la confianza ya que, según él, su pérdida es una de las causas de la crisis. No obstante, a pesar de muchas promesas y de las declaraciones sobre la recuperación, la crisis empeora y la credibilidad de Hoover se ve afectada. En paralelo, el presidente se reúne con los jefes de las grandes empresas para animarlos a que no reduzcan los salarios de los obreros y a que continúen invirtiendo. Otorga subvenciones a los agricultores y desarrolla una política de obras públicas para emplear a una parte de los parados. Al mismo tiempo, instaura medidas proteccionistas con una ley sobre los aranceles aduaneros, que no hará más que agravar la crisis.

## El contagio europeo

Aunque la crisis empieza en los Estados Unidos, poco después se internacionaliza y acaba afectando a Europa, América del Sur e incluso a Oceanía. Son pocos los países que no notan sus efectos.

La caída del comercio internacional a partir de 1930 es uno de los principales vectores de su propagación hacia los demás continentes ya que, mediante la reducción de sus importaciones, los Estados Unidos provocan una disminución de los ingresos de sus países socios y perjudican su productividad. A su vez, estos últimos reducen sus importaciones, iniciando así un efecto dominó. El volumen del comercio internacional cae alrededor del 25 %, y su valor disminuye alrededor del 60 % entre 1929 y 1932. Además, la aplicación de medidas proteccionistas o la devaluación de algunas monedas, como la libra esterlina, son otros factores de la internacionalización de la crisis.

En plena reconstrucción de la posguerra, Europa es uno de los continentes más afectados por la propagación de la crisis económica. La República de Weimar (Alemania), cuya economía y reconstrucción se basan en la financiación de los Estados Unidos, es la primera en sentir sus efectos. También es la que se verá más afectada, ya que las consecuencias insostenibles de la crisis conducirán al estallido de la Segunda Guerra Mundial (1939-1945). Después del crac bursátil, el presidente Hoover decide repatriar el capital invertido, 14 mil millones de dólares. Los bancos alemanes, que ya están debilitados por la crisis de los bancos austriacos, disponen de muy poco dinero en efectivo mientras que la población, cada vez menos confiada, saca los pocos ahorros que le quedan antes de que una oleada de quiebras sacuda el sector bancario alemán. A principios de 1932, la situación es catastrófica: las exportaciones caen en un 25 % entre 1929 y 1932; la producción industrial se hunde; las quiebras se multiplican, y el número de parados ya asciende a los seis millones.

## LA TOMA DE PODER DE ADOLF HITLER

En 1920 se funda el NSDAP, el Partido Nacionalsocialista Obrero Alemán, con Adolf Hitler (1889-1945) a la cabeza. Se trata de un partido de extrema derecha que se estructura alrededor de una propaganda nacionalista y que defiende el rechazo a pagar las reparaciones de guerra, la condena de las medidas impuestas por el Tratado de Versalles, el racismo y el antisemitismo. Este partido minoritario en los años veinte experimenta un ascenso meteórico en una democracia balbuceante tras la crisis económica.

El NSDAP, que recibe el apoyo de una gran parte de las víctimas de la crisis y de muchos empresarios, estigmatiza a los comunistas y a los judíos, a los que considera responsables de la derrota alemana y de la crisis. Asimismo, se aprovecha del fracaso de las políticas vigentes que no logran resolver los problemas económicos. De este modo, el partido gana las elecciones de 1932 y Hitler accede al puesto de canciller a finales de enero de 1933.

## LA ESCALADA DE LAS TENSIONES Y LA SEGUNDA GUERRA MUNDIAL

La política exterior de la Alemania nazi es explícita: Hitler desea agrupar a todas las minorías germánicas en una Gran Alemania para luego continuar su expansión hacia territorios ricos. Para lograr sus objetivos, el Führer restablece el servicio militar y remilitariza Renania, violando el Tratado de Versalles. A pesar de eso, las democracias europeas no protestan demasiado.

En octubre de 1936, la Alemania nazi se acerca a la Italia fascista de Mussolini (1883-1945) —que ya estaba aislada en Europa tras la invasión de Etiopía en 1935— y se produce la creación del eje Roma-Berlín, un pacto al que un mes después se suma Japón. En marzo de 1938, la Wehrmacht ocupa Austria y realiza el Anschluss, la unificación de Alemania y Austria. Algunos meses después, Hitler anexiona los Sudetes, habitados por muchos alemanes, y luego toda Checoslovaquia, Moravia y Bohemia. El punto de no retorno se alcanza tras la firma del pacto secreto germano-soviético, que planea el reparto de Polonia entre las dos potencias. La invasión de esta última hace que el Reino Unido y Francia le declaren la guerra al Eje. Asimismo, las victorias fulgurantes de Alemania en Europa provocan indignación, sobre todo después de la caída de París.

Soldados alemanes desfilan frente al Arco de Triunfo el 14 de junio de 1940.

Los Estados Unidos todavía son reticentes a inmiscuirse directamente en los asuntos europeos, a pesar de que se hayan producido varios ataques navales nazis, y se limitan a suministrar armas primero al Reino Unido y, después, a la URSS. El *casus belli* aparece en diciembre de 1941 cuando Japón ataca Pearl Harbor, Filipinas y Malasia.

## El ataque de Pearl Harbor

La bahía de Pearl Harbor, situada en la isla de Oahu en el archipiélago de Hawái, pasó a la fama tras recibir un ataque sorpresa a manos del ejército aeronaval japonés. En ese momento, hacía años que las relaciones entre Tokio y Washington se habían deteriorado debido a la expansión japonesa en Asia. En 1940 la situación llega a un punto crítico con la instauración de un embargo comercial contra el imperio de Japón, decretado por los Estados Unidos y sus aliados.

El ataque sorpresa a manos de las fuerzas japonesas en 1941 tenía como objetivo la base naval de la US Navy. Ese día, diez barcos de guerra son hundidos y 188 aviones son destruidos. Al día siguiente del ataque, el Congreso estadounidense declara la guerra al imperio del Sol Naciente. Entonces, se desarrolla un fuerte sentimiento antijaponés en los Estados Unidos, y pronto los inmigrantes del país u originarios de este son encerrados en campos de internamiento creados especialmente en los estados del oeste. Habrá que esperar hasta 1988 para que el Congreso se disculpe oficialmente por este asunto.

Algunos días después del ataque, la Alemania nazi y la Italia fascista le declaran también la guerra a los Estados Unidos. Aunque el país lucha simultáneamente en dos frentes, la prioridad es el europeo.

Mientras se prepara el desembarco en Normandía, las

tropas estadounidenses llevan a cabo operaciones en Sicilia y en el Norte de África y luego bombardean las grandes ciudades alemanas para desmoralizar a la población. El desembarco se produce el 6 de junio de 1944 en cinco playas normandas. Tras esta operación, las ciudades francesas son liberadas poco a poco. Finalmente, París es liberada el 24 de agosto. La invasión de la parte occidental de Alemania no se produce hasta febrero de 1945, cuando las tropas soviéticas ya están en Polonia y en Alemania Oriental. El Ejército Rojo, por su parte, toma Berlín el 2 de junio y, seis días después, se produce la capitulación de Alemania.

En el frente asiático, hay que esperar a mayo de 1942 y la batalla de Midway para que la Marina estadounidense tome ventaja sobre la de los japoneses. Entonces, los marines deben reconquistar las islas del Pacífico, ya que las fuerzas niponas las defienden con violencia y tenacidad. La progresión hacia Japón es lenta e, incluso después del bombardeo de Tokio el 23 de mayo de 1945 y de su casi destrucción, el emperador Hirohito (1901-1989) no cede. La capitulación de Japón solamente se precipitará tras el lanzamiento de las bombas atómicas de Hiroshima (6 de agosto) y de Nagasaki (9 de agosto), autorizado por el presidente Harry Truman: será anunciada el 12 de agosto de 1945 y firmada el 2 de septiembre del mismo año.

# MOMENTOS CLAVE

## FRANKLIN ROOSEVELT, GOBERNADOR DEL ESTADO DE NUEVA YORK

En 1928, la población de los Estados Unidos es convocada a una doble elección para elegir a su presidente y a su gobernador. Al Smith (1873-1944), a pesar de ser el gobernador de Nueva York, el estado más poderoso del país, es derrotado en las elecciones presidenciales por el republicano Herbert Hoover. A nivel estatal, Roosevelt obtiene una victoria muy ajustada para gobernar el estado de Nueva York. El 1 de enero de 1929, empieza su mandato.

### LA IMPORTANCIA DEL ESTADO DE NUEVA YORK DENTRO DE LA UNIÓN

Durante la primera mitad del siglo pasado, el estado de Nueva York constituía el verdadero motor de la Unión. Era, a la vez, el estado más poblado del país y el que tenía el peso más importante a nivel financiero y económico, dominando sectores clave como la industria, el comercio e incluso la agricultura. Así pues, dirigir el estado más poderoso de la nación implicaba ponerse al frente del escenario nacional.

Desde el final de la guerra, los demócratas y Al Smith se desenvuelven ocupando un lugar prominente en la esfera política de Nueva York. Durante los años veinte, el estado experimenta múltiples reformas progresistas en materia social y fiscal, y es que es uno de los pocos estados que no está marcado por las medidas conservadoras adoptadas por el Partido Republicano en el poder. Roosevelt, ya en funciones, continúa con la política progresista de su predecesor, al tiempo que piensa en las próximas elecciones. Sus dos principales caballos de batalla están relacionados con la reducción del precio de la electricidad y los problemas agrícolas.

Sin embargo, Roosevelt debe enfrentarse rápidamente a los efectos directos de la crisis económica, ya que el estado de Nueva York es uno de los más afectados: el desempleo se dispara y afecta a la gran ciudad hasta los campos más apartados; la miseria social y económica se vuelve omnipresente. Este clima mueve el conjunto de la campaña para la gobernación que gana Roosevelt en enero de 1931. La singularidad de esta campaña se encuentra en sus proyectos para combatir contra la Gran Depresión: Roosevelt desea desmarcarse de las prácticas de Hoover y de Washington D. C. y continuar con acciones progresistas al mismo tiempo que concede un lugar primordial a los problemas relacionados con el desempleo.

En 1930, Roosevelt crea una comisión de estabilización industrial para luchar contra los despidos y proteger el empleo, mientras que una de sus asesoras, Frances Perkins, se ocupa de la lucha contra el paro. Durante el verano de 1931, Roosevelt pone en marcha cinco medidas que deberán aplicar las localidades del estado, que en ese momento pasan por dificultades:

• la creación de la Administración Temporal de Asistencia

de Emergencia (TERA por sus siglas en inglés, de
Temporary Emergency Relief Administration), dotada de
un presupuesto de 20 millones de dólares para garantizar
la distribución de víveres a los más necesitados;
* un aumento del 50 % del impuesto sobre la renta pagado
al estado de Nueva York;
* la financiación de las obras públicas mediante préstamos
de tres años contraídos por las autoridades locales;
* la mejora de las condiciones de trabajo en el sector público (limitación a cinco días de trabajo);
* la asignación de 500 000 dólares para sacar de la miseria
a los antiguos combatientes y permitirles consumir de
nuevo.

La TERA, que propone una nueva política social, ocupa un
lugar central entre las medidas privilegiadas por Roosevelt
y constituirá una de las claves del New Deal, inspirando a
muchos estados. Además de la prestación por desempleo
(de 23 dólares al mes, que permiten que una familia se
alimente debidamente), ofrece empleos. Su presupuesto
crecerá continuamente de año en año.

## FRANKLIN ROOSEVELT, PRESIDENTE DE LOS ESTADOS UNIDOS DE AMÉRICA

### Las elecciones de 1932 y la entrada en funciones

Las consecuencias políticas de la crisis son inmediatas. Los
electores quieren cambios, y expresan su voluntad durante
las legislativas de 1930, a lo largo de las cuales los republicanos pierden múltiples escaños en el Congreso. Las elecciones de 1932 son decisivas: enfrentan al presidente saliente

Herbert Hoover contra el candidato demócrata Franklin Roosevelt. Este último, que alcanza una gran popularidad durante su mandato como gobernador, sobre todo gracias a las numerosas acciones adoptadas para luchar contra el desempleo, promete un «nuevo trato», el New Deal, para ayudar al país a salir de la crisis económica. La derogación de la Ley Seca también es una de sus muchas promesas. Roosevelt simboliza el activismo y convence gracias a su carisma, mientras que Hoover y los republicanos sufren una dolorosa falta de credibilidad.

Franklin Roosevelt en campaña en Warm Springs en 1932.

El Partido Demócrata gana las elecciones de noviembre de 1932 con una mayoría aplastante y, con más de siete millones de votos de ventaja sobre Herbert Hoover, Roosevelt se convierte en el 32.º presidente del país. Esta victoria está acompañada por el control del partido sobre el poder legislativo, ya que ocupa la mayor parte de los escaños en las dos asambleas que forman el Congreso, un elemento esencial para que la nueva administración pueda enderezar la economía del país.

## Una política económica intervencionista: el New Deal

La política del New Deal, diseñada por el Brain Trust durante la campaña presidencial, se inicia al día siguiente de la investidura de Roosevelt, cuando este convoca al Congreso para una sesión excepcional. Su primera fase se ejecutará entre 1933 y 1935. Durante los tres meses después de la entrada en funciones del presidente, los legisladores adoptan quince leyes para frenar la crisis. Este periodo, más conocido como los «Cien Días», sienta las bases del New Deal y muestra la intervención del poder federal en varios sectores de la economía.

La primera medida tiene que ver con el sector financiero. El 6 de marzo de 1933, el Gobierno cierra todos los bancos para poner orden en el caos que impera en el sistema bancario, restaurar su credibilidad y detener la fuga de oro del país. El 9 de marzo, el presidente firma una ley llamada Ley de Emergencia Bancaria (en inglés, Emergency Banking Relief) que permite que los bancos solventes vuelvan a abrir sus puertas al día siguiente, al tiempo que los coloca bajo el control del Banco Central. Posteriormente, otras medidas reforzarán al sector, como la distinción entre los bancos de depósito y los comerciales. En enero de 1934, a raíz de una inflación reciente, el dólar sufre una devaluación, lo que mejora la situación económica.

En mayo de 1933, el Gobierno realiza su primera intervención en el ámbito de la agricultura al aprobar la Ley de Ajuste Agrícola (Agricultural Adjustement Act, abreviado AAA por sus siglas en inglés), que consiste en elevar los precios tras una reducción de la producción y de las tierras cultivadas; a cambio, los agricultores reciben compensaciones.

Junto a esta medida, la Ley de Recuperación de la Industria Nacional (o NIRA por sus siglas en inglés, de National Industrial Recovery Act), adoptada en junio de 1933, se ocupa del sector industrial para intentar resolver sus excesos. En este momento, se defiende la competencia leal entre las empresas para evitar las quiebras, y los precios están controlados. Además, las empresas suscriben un código de buena conducta que impone mejores condiciones laborales (salarios mínimos, un volumen horario máximo) y se establece la presencia de los sindicatos. Todas las empresas que se suman a esta decisión marcan sus productos con el águila azul y el lema «We do our part» («Hacemos nuestra parte»).

Mujer colocando el cartel de la campaña en el escaparate de su restaurante, alrededor de 1934.

En mayo de 1933, el Congreso crea la Autoridad del Valle de Tennessee (o TVA, por sus siglas en inglés, de Tennessee Valley Authority). Su misión se basa en un amplio programa de ordenaciones y de modificaciones en cinco estados alrededor de Tennessee entre 1933 y 1939. Este innovador proyecto, que moviliza una gran cantidad de mano de obra, incluye la construcción de una veintena de presas, que duplicarán la producción de electricidad de la nación, garantizarán la navegación y el comercio en el río y permitirán que la región se industrialice.

Para luchar contra el desempleo sin aumentar el gasto federal, el Gobierno crea el Cuerpo Civil de Conservación (o CCC, por sus siglas en inglés, de Civilian Conservation Corps) el 31 de marzo de 1933. El programa ofrece trabajo en la conservación del medio ambiente a unos 500 000 jóvenes desempleados de entre 18 y 25 años entre 1933 y 1942.

El otro gran proyecto promovido por el Congreso en mayo de 1933 tiene como objetivo implementar la TERA neoyorquina a nivel federal con el nombre de Administración Federal para Alivio de Emergencias (o FERA, por sus siglas en inglés, de Federal Emergency Relief Administration). Este órgano, dirigido por Harry Hopkins, dispone de 500 millones de dólares con los que presta asistencia financiera a las comunidades locales y ayuda a los estados a proporcionar prestaciones a las personas que pasan por dificultades y a crear empleo en el sector de la obra pública. La NIRA, que también incluía un programa para luchar contra el paro —la Administración de Obras Públicas (o PWA, por sus siglas en inglés, de Public Work Administration)— asignado al ministro del Interior Harold Ickes (1874-1952), compite con ese programa. En noviembre de 1933 se crea la Administración de Obras Civiles (CWA, por sus siglas en inglés, de Civil Works Administration), confiada a Harry Hopkins, que puede intervenir directamente con los parados mediante la creación de puestos de trabajo; la CWA emplea a más de cuatro millones de personas, renueva y construye miles de kilómetros de carreteras, escuelas, estadios y muchas otras infraestructuras.

A mediados de 1934, el primer impulso del New Deal pierde fuerza a medida que la situación mejora lentamente. No se aprueba ninguna otra gran ley, y el Gobierno frena algunos programas —como la CWA, por sospechas de corrupción en la primavera de 1934— mientras que otros son considerados inconstitucionales por el Tribunal Supremo, como la NIRA (bloqueada en 1935) y la AAA (frenada en 1936). También empieza a nacer una oposición al New Deal en el seno de varios movimientos, y el antiguo presidente no duda en calificar estas medidas de fascistas y en afirmar que el Brain Trust obedecería a la ideología comunista. A pesar de todo esto, el Gobierno ve la necesidad de continuar con las reformas.

Tras la cancelación y el cierre de algunos programas, surge la necesidad de encontrar nuevas soluciones para combatir contra la crisis: en ese momento, se pone en marcha la segunda fase del New Deal, que durará desde 1935 hasta 1938. Las reformas progresistas del inicio del New Deal ya no bastan, por lo que el Gobierno decide adoptar medidas que califica como liberales pero que, en realidad, están muy cerca de las ideologías de izquierdas.

En abril de 1935, se crea la Administración para el Progreso del Trabajo (o WPA, por sus siglas en inglés, de Works Progress Administration) para sustituir a la CWA, disuelta algunos meses antes. Su funcionamiento es similar, y su dirección vuelve a estar en manos de Harry Hopkins. Además, dispone de más medios y da trabajo a ocho millones de personas en los sectores de la obra pública, de la construcción y de la cultura. En paralelo, se establece la independencia de los sindicatos, a pesar de una violenta oposición, gracias a la adopción en el Congreso de la Ley Nacional de Relaciones Laborales (o NLRA, por sus siglas en inglés, de National

Labor Relations Act), que sustituye las disposiciones derogadas de la NIRA.

Este periodo también está caracterizado por progresos sociales con la introducción de prestaciones por desempleo y por jubilación que pueden reclamar aquellos que ya han trabajado. Con el impulso del secretario del Tesoro y del director del Banco Central, el Congreso aprueba reformas que, por un lado, prevén una reforma fiscal que instaure una mayor justicia social y, por el otro, contemplan un aumento de los poderes del Banco Central para facilitar la financiación de los gastos federales.

El año siguiente está marcado por los ataques del Tribunal Supremo contra las disposiciones del New Deal. La AAA es declarada inconstitucional y, para seguir con esta medida, el Gobierno asigna prestaciones que ya no tienen el objetivo de reducir la superficie cultivable, sino que están destinadas a estimular el barbecho de una parte de la explotación agrícola. A pesar de los múltiples ataques de los republicanos que denuncian una política cercana al comunismo, Roosevelt es reelegido para un segundo mandato presidencial en noviembre de 1936. Tras esta reelección, el presidente lleva a cabo una cruzada contra el Tribunal Supremo, que continúa invalidando determinadas medidas del New Deal: modifica el número de jueces en todos los tribunales y coloca a personas favorables a su política liberal en el Tribunal Supremo. Esta batalla legal centra la atención durante una gran parte de 1937, en detrimento de las condiciones económicas, que parecen mejores.

Bajo la presión de los conservadores y ante la mejora de la

situación, el Gobierno reduce su gasto federal mediante recortes presupuestarios en la financiación de la WPA. Estos conducen al paro a más de un millón de trabajadores, mientras que las decisiones del Banco Central provocan un aumento de los intereses de los créditos. Las consecuencias no tardan en llegar: las empresas reducen sus inversiones y los precios caen, y el país vuelve a estar inmerso en una recesión inesperada. Durante la primavera de 1938, los Estados Unidos vuelven a tener una tasa de desempleo del 20 %. Perkins y Eccles acaban entendiendo que la recaída se debe a los recortes realizados para reducir el déficit presupuestario.

## LAS TEORÍAS DE KEYNES

John Maynard Keynes (economista británico, 1883-1946) es el autor de *Teoría general de la ocupación, el interés y el dinero*, publicada en 1936. Sus reflexiones tratan acerca del equilibrio presupuestario. Mientras que los Gobiernos buscan equilibrar sus gastos con sus ingresos, Keynes defiende el desequilibrio presupuestario. Su concepción aspira a inyectar dinero en la economía para crear empleo y aumentar el poder adquisitivo de la población, conduciendo a una reactivación del consumo.

Las teorías de Keynes cada vez tienen mejor reputación, y el propio Roosevelt acaba también convencido de sus argumentos. El mantenimiento del equilibrio presupuestario ya no es una de sus prioridades, por lo que el Gobierno aumenta el gasto federal para reactivar el consumo, en particular con la concesión de cuantiosos fondos a la WPA y a la PWA. La recuperación económica se produce rápidamente, pero la tasa de desempleo sigue siendo alta: en 1939, hay nueve millones de parados. El desempleo no disminuirá significativamente hasta el año siguiente, cuando el país se embarca en la producción de armas para el Reino Unido y, a continuación, para su propio uso. En el año 1941, ya solamente hay 5,5 millones de parados.

## La Segunda Guerra Mundial

A partir de 1936, los asuntos exteriores cobran un papel cada vez más relevante, aunque el país se mantiene fiel a su política internacional de no intervención. En 1939 se produce un cambio de tendencia, cuando se modifica la Ley de Neutralidad (Neutrality Act). Desde 1935, esta acta prohibía enviar armas y conceder préstamos a los países en guerra. En 1937 se da un primer paso con la cláusula Cash and Carry, que permite que los beligerantes compren productos y los transporten desde los Estados Unidos. En 1939, esta cláusula se amplía incluyendo el armamento, lo que permite que el Reino Unido y Francia adquieran material militar.

El apoyo a los países en la guerra contra los totalitarismos se intensifica después de la debacle francesa de junio de 1940. Roosevelt hace todo cuanto está en sus manos para apoyar al Reino Unido, que ahora está solo contra la Alemania nazi. En este contexto tan agitado, es reelegido para un tercer mandato presidencial, en noviembre de 1944. En diciembre del mismo año, se refuerza la organización de la cooperación con el Reino Unido y se intensifican los intercambios con Churchill, convertido en primer ministro en mayo de 1940. La Ley de Préstamo y Arriendo permite proporcionar material militar y asistencia financiera al Reino Unido y, a partir de junio de 1941, también a la URSS.

Roosevelt y Churchill en 1944.

La producción de equipamiento de guerra, en un primer momento para los Aliados y luego para prepararse para la contienda, se convierte en la prioridad de los Estados Unidos y resulta ser beneficiosa para luchar contra el desempleo y para reactivar la economía. Los programas de armamento que se suceden durante el conflicto permiten que las fábricas produzcan más de 171 000 aviones, 90 000 tanques, 1200 barcos de guerra, 320 000 cañones, 4 millones de toneladas de municiones y 15 millones de armas.

En agosto de 1941 Roosevelt se reúne con Churchill en Terranova (Canadá), en un momento en que los Estados Unidos aún no están en guerra. Su encuentro fortalece los lazos entre ambas naciones y conduce a la Carta del Atlántico que contempla, entre otros puntos, la creación de una nueva Sociedad de Naciones. Los Estados Unidos ya no son completamente neutrales en el conflicto, a pesar de la promesa del presidente durante su reelección de que los *boys* no iban a luchar en Europa. Sin embargo, todo cambia tras el ataque a la base naval de Pearl Harbor en diciembre de 1941.

Roosevelt firmando la declaración de guerra contra Japón el 8 de diciembre de 1941.

A partir de ese momento, el Congreso confiere poderes extraordinarios a Roosevelt para orientar sus decisiones en base a las necesidades económicas, estratégicas y militares. A pesar de que sus competencias estratégicas son limitadas, Roosevelt expone y defiende sus planes en varias conferencias interaliadas durante las que se reúne regularmente con Churchill y Stalin, así como con otros líderes de estados aliados.

La segunda Conferencia de Moscú celebrada en agosto de 1942 planifica la campaña del Norte de África para detener el avance del Afrikakorps (fuerzas alemanas enviadas al Norte de África) al que Roosevelt confiere una gran importancia. Así, envía a tropas a Europa, que obtienen algunas victorias en el Magreb. En enero de 1943, la Conferencia de Casablanca prepara otras medidas y operaciones decisivas. Durante esta reunión, Roosevelt impone la noción de rendición incondicional a las naciones del Eje, mientras que Churchill aboga por una mayor flexibilidad. La conferencia también tiene como objetivo preparar el desembarco y la campaña de Italia, que provocarán la caída de Mussolini. Unos meses más tarde se celebra la Conferencia de El Cairo, donde se reúnen Roosevelt, Churchill y Chiang Kai-shek (hombre de Estado chino, 1887-1975) y que programa medidas contra Japón, como el despojo de las islas y de los territorios ocupados. La Conferencia de Teherán, que tiene lugar pocos días después, reúne por primera vez a los Tres Grandes (Roosevelt, Churchill y Stalin) con el objetivo de preparar un desembarco de las fuerzas aliadas. Pero, mientras que Churchill prefiere repetir este tipo de operación en los Balcanes, Roosevelt aboga por un desembarco en la costa francesa. El apoyo de Stalin a la propuesta estadounidense da luz verde a la preparación del desembarco de Normandía previsto para la primavera de 1944.

En febrero de 1945, pocos meses antes de que termine el

conflicto, Stalin, Churchill y Roosevelt se reúnen de nuevo para planificar el fin de la guerra contra Alemania y Japón. El Ejército Rojo se encuentra ya a un centenar de kilómetros de Berlín, dándole a Stalin una posición privilegiada en las negociaciones. Las principales resoluciones de la conferencia se centran en la entrada en la guerra de la URSS contra Japón después de la derrota de Alemania, en la destrucción del nazismo y del poder militar alemán, en la división de Alemania entre los tres ganadores, en la delimitación territorial de algunos Estados europeos y, finalmente, en la creación de la Organización de las Naciones Unidas (ONU). Los cuatro vencedores de la Segunda Guerra Mundial (la URSS, los Estados Unidos, el Reino Unido y China) integrarán la organización, que tendrá la misión de garantizar la paz y regular las relaciones internacionales. La creación de la ONU y la ayuda soviética contra Japón son cuestiones esenciales a ojos de Roosevelt, hasta el punto de que se abstendrá de negociar sobre las reivindicaciones territoriales formuladas por Stalin.

# REPERCUSIONES

## LA CREACIÓN DE LA ONU

La necesidad de encontrar una solución frente al fracaso de la SDN —que no puede evitar la Segunda Guerra Mundial— es primordial. La creación de la ONU es uno de los grandes proyectos de Roosevelt, que defiende desde su campaña a la vicepresidencia en 1920.

Al principio del conflicto, el presidente estadounidense trabaja para la fundación de un organismo internacional cuya principal función sería garantizar la paz y resolver los problemas internacionales. A continuación, trata de hacer que las principales naciones se sumen a su proyecto en las múltiples conferencias que reúnen a los Aliados. Esta voluntad habría podido debilitarse con la muerte de Roosevelt, pero su sucesor Truman comparte el mismo punto de vista, lo que permite que se mantenga el rumbo al tiempo que se cuenta con el apoyo del Congreso, a diferencia de lo que había ocurrido con Wilson.

El 25 de abril de 1945, menos de un mes después de la muerte de Roosevelt, 50 naciones que habían luchado contra el Eje se reúnen en San Francisco para asistir a la sesión inaugural de la Organización de las Naciones Unidas. Para que se produzca el establecimiento de la Carta de las Naciones Unidas harán falta dos meses de duras negociaciones entre las distintas delegaciones. Sin embargo, los resultados de las conferencias preparatorias como la de Yalta se respetan.

El Consejo de Seguridad está integrado por once miembros, cinco de los cuales son permanentes (los Cuatro Grandes y Francia). Las decisiones se toman por mayoría de siete votos, pero los cinco miembros permanentes poseen un derecho de veto para poder detener cualquier decisión del Consejo.

## LOS INICIOS DE LA GUERRA FRÍA Y LA POLÍTICA INTERVENCIONISTA DE LOS ESTADOS UNIDOS

Cuando la Segunda Guerra Mundial todavía no ha terminado del todo, la entente entre los Aliados peligra. Surgen dos bloques ideológicos antagonistas, uno dominado por los Estados Unidos y el otro por la URSS. La pérdida de confianza en el seno de la alianza se debe a múltiples desafíos geopolíticos.

Tras la Conferencia de Potsdam (julio-agosto de 1945), Alemania vuelve a sus fronteras de 1937, es decir, de antes de las primeras conquistas nazis. A continuación, se reparte en cuatro zonas de influencia entre la URSS, los Estados Unidos, el Reino Unido y Francia. Berlín también es dividida. Rápidamente, entre estas zonas administradas por los dos bloques aparecen tensiones, que en 1949 desembocan en la creación de la República Federal de Alemania (RFA) y la República Democrática Alemana (RDA).

Los occidentales están preocupados por el destino reservado a la Europa del Este ocupada por el Ejército Rojo después de liberarla de los nazis: este es el segundo punto de discordia entre los dos bloques. Polonia, Hungría,

Bulgaria, Rumanía y Checoslovaquia han pasado a integrar el bando soviético y, aunque al principio los movimientos comunistas prosoviéticos se asocian en el poder con otros partidos políticos, estas coaliciones no duran y, entre 1945 y 1947, los partidos comunistas acaban tomando el poder. La extensión de la esfera de influencia soviética en Europa y el establecimiento de una zona tampón para proteger las fronteras de la URSS preocupan a los líderes occidentales. El mundo está dividido en dos, y esta oposición se materializa con la famosa metáfora del telón de acero.

El aumento de la tensión entre los dos bloques conduce al presidente estadounidense Harry Truman a diseñar la Doctrina Truman, que tiene como objetivo ayudar económicamente a las democracias de Europa occidental para su reconstrucción después de la Segunda Guerra Mundial y para luchar contra el hambre mediante el envío de alimentos. Esta ayuda está simbolizada por el Plan Marshall, que pretende frenar el crecimiento de los partidos comunistas con el fin de consolidar las alianzas políticas y garantizar un mercado solvente para las compañías estadounidenses, que venden sus productos en el Viejo Continente. La segunda parte se basa en ayuda financiera concedida a los países víctima de las presiones de la URSS, como Grecia y Turquía. La resistencia de estos dos países es de suma importancia a ojos de los británicos y de los estadounidenses ya que permite evitar que la influencia soviética alcance Oriente Próximo y que la URSS se apodere del petróleo y alcance los mares cálidos.

Otros acontecimientos, como el golpe de Praga en febrero

de 1948 o el bloqueo de Berlín entre junio de 1948 y mayo de 1949, llevan a los Estados Unidos a romper definitivamente con sus tradiciones en materia de relaciones exteriores. Se constata la necesidad de una alianza defensiva, que conduce a la creación de la OTAN (Organización del Tratado del Atlántico Norte) en abril de 1949. La Guerra Fría está realmente en marcha.

## UNA PRÓSPERA SITUACIÓN SOCIOECONÓMICA

La depresión económica de los años treinta ya solamente es un recuerdo lejano y pésimo tras la guerra. La producción necesaria para las operaciones militares saca a la economía estadounidense de la crisis e incrementa la necesidad de mano de obra hasta el punto de que, en 1945, los Estados Unidos ya poseen la economía más poderosa del mundo. Algunos sectores, entre los que cabe destacar la agricultura, prosperan durante la guerra. A nivel industrial, la posguerra se caracteriza por las innovaciones tecnológicas, como el nailon y los materiales de plástico, y por la recuperación de los sectores de actividad creados durante los años veinte.

Este periodo también está caracterizado por la continuación de algunas acciones llevadas a cabo por Roosevelt. En efecto, Truman desarrolla programas que tienen el objetivo de garantizar el empleo pleno, aumentar los salarios mínimos, mejorar la seguridad social, etc. Asimismo, debe asegurar el paso de una economía de guerra a una economía de paz, al tiempo que se enfrenta a la magnitud de la desmovilización. Entre 1945 y 1946, el número de soldados pasa de 12 a 3 millones. Para asegurar su reintegración en la sociedad, el Gobierno federal se compromete a encontrarles trabajo y en junio de 1944 promulga la G. I. Bill of Rights, una ley que contempla una serie de disposiciones y ayudas financieras para ellos.

## EL COMIENZO DE UNA ERA DEMÓCRATA Y EL FORTALECIMIENTO DE LA PRESIDENCIA

El acceso de Roosevelt al poder en 1933 representa una gran victoria para el Partido Demócrata, que había sido apartado del poder durante más de 20 años. Además, Roosevelt es elegido en cuatro ocasiones, consiguiendo un récord que nunca podrá igualarse, ya que la XXII Enmienda de la Constitución —adoptada en 1947 y ratificada por el Congreso en 1951— limita el número de mandatos presidenciales a dos.

Apodado «boss» por sus compañeros, Roosevelt establece una presidencia más moderna: afirma el papel del presidente de la nación creando el White House Staff en 1939, un organismo formado por asesores que ayudan a tomar decisiones al presidente y a su gabinete. Del mismo modo, Roosevelt da más poder a algunas agencias gubernamentales, una dinámica que continuará bajo la presidencia de Truman.

Durante estos cuatro mandatos presidenciales, Franklin Roosevelt saca a su país de dos de las mayores crisis del siglo XX: una socioeconómica, con la Gran Depresión de los años treinta, y la otra internacional, con la participación en la Segunda Guerra Mundial. Tras el conflicto, los Estados Unidos de América se han fortalecido hasta el punto de convertirse en una de las dos superpotencias mundiales y de disfrutar de un papel clave en el escenario internacional.

- 60 -

# EN RESUMEN

**1882**
*30 en.:* nacimiento de Franklin Roosevelt

1910
**Franklin Roosevelt entra en política**

**1911-1912**
Franklin Roosevelt es senador del estado
de Nueva York

**1913-1921**
Franklin Roosevelt es secretario adjunto
de Marina

**1914-1918**
Primera Guerra Mundial

**1920**
Franklin Roosevelt es candidato
a la vicepresidencia

**1921**
Franklin Roosevelt sufre poliomielitis
y se ve obligado a aparcar su carrera

1928
Franklin Roosevelt es elegido
gobernador del estado de Nueva York



- Franklin Roosevelt nace el 30 de enero de 1882 en Hyde
  Park, en una familia que pertenece a la élite. Tras haber
  disfrutado de la enseñanza de gobernantas, continúa

su trayectoria escolar en establecimientos prestigiosos como la Groton School, Harvard y Columbia.

- En 1919, entra en el Partido Demócrata y, al año siguiente, se convierte en senador del estado de Nueva York.
- Nueve años después, se convierte en secretario adjunto de Marina bajo la presidencia de Woodrow Wilson. Su implicación durante la Primera Guerra Mundial no pasa desapercibida, y pronto su partido lo elige como representante a la vicepresidencia en 1920.
- En 1921, contrae una enfermedad que le paraliza los miembros inferiores y que lo obliga a retirarse de la escena política durante un tiempo. Convive con esta enfermedad hasta el fin de sus días. Para desplazarse, utiliza una silla de ruedas, bastones y férulas, y cuando debe ponerse de pie se apoya en alguno de sus hijos o asesores.
- Entre 1928 y 1932 es gobernador del estado de Nueva York. Entonces, se enfrenta a los problemas de crisis económicas que suceden al crac bursátil de 1929. Una de sus acciones más importantes es el establecimiento de la TERA para luchar contra el paro.
- En 1933 es elegido presidente de los Estados Unidos, y se mantendrá a la cabeza del país durante diez años, convirtiéndose en el único presidente en ser elegido cuatro veces.
- Para luchar contra la Gran Depresión pone en marcha el New Deal, una política económica que pretende ser voluntarista, intervencionista y progresista. En un primer momento, las medidas se centran en frenar la crisis y reorganizar los sectores afectados. Después, se concentran en la lucha contra el paro por medio de varios programas financiados en gran parte por el Gobierno federal.

- Tras el ataque de Pearl Harbor a manos del Imperio japonés, Roosevelt firma la entrada en la Segunda Guerra Mundial de los Estados Unidos. Durante este periodo mantiene encuentros con muchos dirigentes aliados, con los que elabora campañas para luchar contra la Alemania nazi. Entre las resoluciones adoptadas, destaca la ayuda en material de guerra proporcionada al Reino Unido y a la URSS, la rendición incondicional, el desembarco de Normandía o incluso la creación de la ONU, cuyo acuerdo se obtiene durante la Conferencia de Yalta.
- Roosevelt fallece el 12 de abril de 1945 en su propiedad de Warm Springs (Georgia), pocos días antes de la sesión inaugural de la ONU y pocos meses antes de la capitulación de Alemania y de Japón.

*¡Tu opinión nos interesa!*
*¡Deja un comentario en la página web de tu librería en línea,*
*y comparte tus favoritos en las redes sociales!*

# PARA IR MÁS ALLÁ

## FUENTES BIBLIOGRÁFICAS


- Kaspi, André. 1988. *Franklin D. Roosevelt*. París: Fayard, 1988.
- Kaspi, André. 2012. *Franklin D. Roosevelt*. París: Librairie Arthème Fayard.
- Kaspi, André. 2014. *Les Américains: Naissance et essor des États-Unis (1607-1945)*, tomo 1. París: Points, colección *Points Histoire*.
- Kaspi, André. 2014. *Les Américains: Les États-Unis de 1945 à nos jours*, tomo 2. París: Points, colección *Points Histoire*.
- Portes, Jacques. 2013. *Histoire des États-Unis de 1776 à nos jours*. París: Armand Colin, colección *U*.
- Robert, Frédéric, dir. 2013. *Les années Roosevelt (1932-1945): entre New Deal et "Home Front"*. París: Ellipses Editions.


## FUENTES ICONOGRÁFICAS

- Fotografía de Franklin Roosevelt tomada en la Groton School cuando tenía 18 años. La imagen reproducida está libre de derechos.
- Retrato de Franklin Roosevelt realizado en 1913, cuando era secretario adjunto de la US Navy. La imagen reproducida está libre de derechos.
- Ataque de Pearl Harbor. La imagen reproducida está libre de derechos.
- La Conferencia de Yalta, febrero de 1945. © US Army

Signal Cops.
- Entierro de Franklin Roosevelt. La imagen reproducida está libre de derechos.
- El presidente Woodrow Wilson planteando la cuestión de la entrada en guerra de los Estados Unidos en el Congreso, el 2 de abril de 1917. © The Library of Congress.
- Empleados trabajando en cadena en la fábrica Ford. La imagen reproducida está libre de derechos.
- La policía de Detroit examina las instalaciones de una fábrica de cerveza clandestina. La imagen reproducida está libre de derechos.
- Fotografía de un *hooverville* en Oregón. La imagen reproducida está libre de derechos.
- Soldados alemanes desfilan frente al Arco de Triunfo el 14 de junio de 1940. © Bundesarchiv.
- Franklin Roosevelt en campaña en Warm Springs en 1932. © Presidential Library & Museum.
- Mujer colocando el cartel de la campaña en el escaparate de su restaurante, alrededor de 1934. © National Archives and Records Administration.
- Roosevelt y Churchill en 1944. © National Archives and Records Administration.
- Roosevelt firmando la declaración de guerra contra Japón el 8 de diciembre de 1941. © Abbie Rowe.

## DOCUMENTALES

- *1929, La crise.* Dirigido por William Karel. Francia: Arte, 2009.
- *1929, La grande dépression.* Dirigido por William Karel. Francia: Arte, 2009.

- *Apocalypse, la Seconde Guerre mondiale*. Dirigido por Isabelle Clarke y Daniel Costelle. Francia: France 2, 2009.
- *1945. Réunions secrètes à Yalta*. Dirigido por Serge Viallet. Francia: Arte, 2012.

en50MINUTOS.es
Historia
Economía y empresa
Coaching
Book Review
Salud y bienestar
EL DIAGRAMA DE ISHIKAWA
Material Método Máquina
Madre Naturaleza Medida Hombres
LA GUERRA DE PALESTINA DE 1948
DOMINA EL ARTE DEL NETWORKING